LE RÉVÉLATEUR

DES

CAUSES

DES TROUBLES DES ÉTATS.

Ire PARTIE.

DÉNONCIATION ET PLAINTES

Contre MM. DE SERRES et BELLART.

DISCOURS PRÉLIMINAIRE.

A PARIS,

Imprimerie de CHASSAIGNON, rue Gît-le-Cœur, n. 7.

1822.

Loin de faire craindre ici le reproche de contre-facteur, j'invite les ennemis des procès, et des treubles des états, de faire réimprimer ce livre tant qu'ils voudront, et pendant l'éternité.

LE RÉVÉLATEUR

DES CAUSES DES TROUBLES DE L'ÉTAT.

Ire PARTIE.

DÉNONCIATION ET PLAINTES

Contre MM. DE SERRES et BELLART.

DISCOURS PRÉLIMINAIRE.

> Les suppôts du Palais tueront la monarchie.
> LOUIS XII.
> On doit sauver la monarchie, même aux
> dépens du monarque s'il le faut.
> CAZALÈS.

LES troubles des états sont comme les maladies des hommes, qu'on ne peut guérir sans en connaître les causes.

Les perturbateurs donnent partout le faux prétexte qu'ils veulent acquérir la liberté, quand ils ne songent qu'à la licence, pour assouvir leurs passions particulières, dont la plupart ne sont pas même connues.

Mais ce n'est pas en France qu'on ignore les passions de la principale classe des auteurs des désordres.

Cette classe est clairement signalée depuis longtemps : elle est composée des mauvais serviteurs de la justice, qui veulent la tenir étouffée. L'esprit de cupidité, de concussion, et le desir de dominer pour obtenir l'impunité, sont les motifs qui les font agir.

Ce qu'il y a de plus funeste, c'est qu'ils savent souvent se faire protéger par des fonctionnaires supérieurs, qui sont bien aises de se trouver dans des troubles pour mieux satisfaire à leur tour leur ambition et leur hypocrisie. Ces protecteurs sont alors traîtres, fauteurs et chefs des perturbateurs, comme MM. de Serres et Bellart.

C'est aussi par ce motif que je ne m'en tiens pas au titre de *révélateur*, et à expliquer les prévarications qui causent les troubles : je fais de plus une dénonciation et plainte contre deux des hommes qui les ont trop favorisées.

. Cette dénonciation fera le développement de celle qui a été déposée en manuscrit au ministère de la justice, et qui excitera à coup sûr des surprises bien inattendues. Elle commence tout naturellement par un prélude nécessaire pour prouver la confiance que méritent mes récits : il y a, dans la même intention, un épisode sur le vrai jury, afin de profiter de l'occasion pour faire connaître combien le jury peut être utile à la religion contre le matérialisme, et combien mes occupations sont importantes et sérieuses.

Le premier article détaille mes inculpations contre M. de Serres précédent garde des sceaux.

Le second, celles contre M. Bellard procureur-général de la Cour royale de Paris.

Ce sont les deux fonctionnaires que je demande qu'on apprécie et qu'on juge, parce que c'est quand ils ont été ensemble à la tête de l'administration de la justice, que leurs trahisons ont favorisé les concussionnaires jusqu'aux derniers excès, et qu'ils ont repoussé tous les moyens de les comprimer : l'un a porté sa défection jusqu'à la bassesse la plus inouïe, et l'autre ses actes arbitraires jusqu'à la férocité.

(v)

Il n'y a pas contre le Roi et le peuple de crime
plus affreux que celui de trahison de la part des
hommes de justice.

Une consultation faite sous des noms empruntés a
dit que c'est une scélératesse plus grande que celle
du gendarme qui vole et du pharmacien qui em-
poisonne.

Le troisième article a pour titre : Explication de
délits et des crimes de prévarication et de forfaiture
qui se commettent pour opérer les concussions, et les
faire consacrer par les juges ; ce qui est la même
chose que s'il avait pour titre : Révélation des causes
des troubles de l'état

Il ne faut pas douter du grand intérêt pécuniaire
des perturbateurs , car ils ont toujours perçu des
millions; en même-temps qu'ils ont eu la volonté
de dominer pour obtenir l'impunité.

On verra avant la fin de cet écrit combien cet intérêt a augmenté aujourd'hui, et jusqu'à quel point
d'extravagance ils ont élevé le prix de leurs offices
et leurs concussions , quand ils n'ont déboursé aucune finance.

Si les deux premiers articles ne contiennent que
65 pages, et s'il y en a près de 200 pour le troisième,
je l'ai fait exprès pour attérer entièrement les coupables , et les defier de répondre. Je n'ai pas craint d'a-
buser de la patience de mes lecteurs par le besoin et
l'intérêt qu'ils ont de connaître les mauvaises actions
dont ils ont été et seront encore les victimes s'ils n'y
prennent garde, et si la monarchie et le monarque ne
paralysent les malfaiteurs.

D'ailleurs, à chaque fait raconté dans cette explication, les lecteurs peuvent s'arrêter s'ils sont assez persuadés du préjudice que cause l'existence des suppôts dont je parle, et contre lesquels mon livre finit par la conclusion la plus nécessaire à adopter.

Ceci a toute espèce d'intérêt pour moi; je l'explique d'abord comme simple sujet pour l'avantage de tous, je le dis ensuite parce qu'une mission officielle jadis me chargea de recueillir les désordres de l'administration de la justice, et parce que j'en suis particulièrement victime par des vengeances horribles qu'il m'a fallu vaincre et confondre pendant plus de vingt ans, et qui m'ont forcé de continuer mon travail pour mieux en assurer la vérité et l'utilité.

J'ai voulu aussi combattre les convenances qu'on ne cesse de préférer, surtout contre moi, à tout principe de justice.

Ce ne sera même qu'en blessant hardiment les convenances, sans s'occuper si quelqu'un, quelqu'il soit, peut s'en trouver choqué, et en préférant jusqu'à la moindre règle de l'équité, qu'on pourra faire aujourd'hui ressusciter la justice.

C'est encore afin de ne parler que pour la justice que je compose ce livre, parce que c'est la justice qui peut tout : c'est elle seule qui enfante et nourrit toutes les vertus, et soutient principalement l'honneur et la religion.

C'est aussi elle seule qui arrête les révolutions et peut en prévenir de nouvelles.

L'homme qui n'est pas juste manque de toute morale.

O vous, monarques du monde dont le temps et les besoins des sociétés ont rendu nécessaire et légitime le droit de vous succéder pour vos couronnes, et qui compromettriez le salut des peuples et votre propre honneur si vous vouliez répudier ce droit,

Daignez vous figurer qu'à tout prix vous devez agir sur la terre comme Dieu dans le ciel.

Soyez justes, forcez les autres à l'être, tout ira bien de lui-même: la paix et le bonheur seront infaillibles autant qu'il est possible au milieu des misères humaines inévitables.

Vous ne devez avoir d'autres ennemis à combattre que les faux serviteurs de la justice.

Ce fut un grand malheur pour les Français qu'aussitôt qu'on connut, il y a plusieurs siècles, cette classe d'hommes qui contribue principalement aux désordres, on ne l'aie pas paralysée. Ce mal est d'autant plus grand que sa contagion a gagné plusieurs autres empires d'une manière si alarmante, qu'il est tout-à-fait urgent de trouver et d'y appliquer les remèdes les plus sérieux et les plus efficaces, et qui seront toujours très faciles quand on voudra bien ne pas se borner à des demi mesures.

Les autres monarques doivent bien se pénétrer que c'est le mal de la France qui est devenu contagieux pour eux. S'ils trouvent que cela est ainsi, ils doivent bien se décider à faire tout ce qui est en leur pouvoir, afin que la racine en soit entièrement extirpée, et l'obtenir du roi de France, comme je ne cesse depuis tant d'années de le demander. Mais on me répond en me tournant en ridicule, et en m'accablant par la plus vive oppression.

Il n'y a aussi personne au monde qui ait plus de soin que moi que les monarques qui éprouvent des troubles fassent attention à ce que j'ai l'honneur d'avancer, et qu'ils le fassent éclater comme parfaitement vrai, afin que la cause première du malheur soit bien connue à tous les sages, et qu'ils y prennent le plus grand intérêt ; car la question est là : Est-il vrai, comme je le soutiens, que les suppôts du palais ont toujours voulu dominer la monarchie, et que cette soif de dominer par des passions pareilles ou différentes ait gagné d'autres monarchies ? Mais on aura la démonstration que cela est vrai, si les souverains commencent d'y remédier par un premier acte de justice qui doit être d'écouter ma prétention, parce que dès cela seul que le peuple français serait averti par les chefs de l'Europe que j'ai raison de le soutenir, aussitôt, loin que le ridicule fût encore pour moi, la honte serait au contraire pour les malfaiteurs, et le mal serait presque guéri pour tous.

C'est aussi moins pour moi que pour la tranquillité générale que je desire qu'une réunion, la plus vénérable du monde, comme l'est celle des puissances de la sainte alliance, publie que j'ai raison.

Pourquoi Louis XII, lorsque entre autres expressions prédisit qu'en créant les supôts du palais ses prédécesseurs avaient préparé la chute du trône, ne fit-il pas de suite, comme il en avait la force, rentrer ces suppôts dans le néant ? Que de douleurs et de torrens de sang n'eût-il pas prévenus !

Quelque incroyable et impossible que paraisse la sourde toute-puissance d'une poignée d'ignares écrivailleurs pour renverser une monarchie de trente millions d'hommes la plus brillante et la plus éclairée du monde :

La prédiction de Louis XII n'était pas moins fondée, et les sources des grandes forces des perturbateurs ne sont pas moins certaines, quand on prend la peine de les rechercher et de les méditer, comme on le verra par quelque mot que je dirai tout-à-l'heure.

Henri IV disait après Louis XII qu'il aimerait mieux soutenir des guerres avec toutes les Espagnes, que d'avoir rien à démêler avec les gens de justice.

Il ne se contentait pas sans doute, pour parler ainsi, d'avoir vu que son grand ministre Sully n'avait pas pu empêcher les suppôts du palais de ruiner un de ses parens.

Il voyait aussi peut-être qu'outre leur inclination pour piller et ruiner impunément ses autres sujets, ils avaient la soif de dominer. Mais il pouvait avoir d'autres motifs, surtout s'il apercevait quelque source de leur force ; et c'était alors sans doute sa plus grande affliction.

Pourquoi aussi ne chercha-t-il pas à les anéantir ? Jusqu'ici je n'articule ni aucune entreprise faite par ces suppôts, contre le trône ni la moindre tentative faite contre eux pour prévenir leurs attentats.

Je ne veux pas non plus faire à cet égard trop de citations pour ne pas fatiguer les lecteurs; car très peu de faits suffiront pour convaincre les plus incrédules de l'esprit de cupidité et de tyrannie que je reproche.

Ce n'était pas sans doute timidité de la part d'Henri IV, ni crainte de n'être pas assez fort pour vaincre ces turbulens; mais il semble qu'il ne voulait pas être le premier à les combattre, et s'exposer à faire dire qu'il snpposait le danger. Il ne pensait peut-être que trop, comme Louis XII, qu'ils ne manqueraient pas eux-mêmes tôt ou tard de faire connaître leur esprit impérieux par quelque attentat contre le gouvernement même ; et il ne se trompait pas. C'est ici que j'oserai dire quelque chose sur les forces des suppôts. Chacun s'apercevra qu'il est facile en réfléchissant de les connaître assez pour ne pas douter de leur existence.

Il y a long-temps qu'il eût été salutaire qu'on eût médité et révélé cette connaissance.

On voit d'abord chez eux ce pouvoir qui se rencontre surtout aujourd'hui dans plusieurs occasions, où des poignées d'hommes avides et entreprenans savent que le bruit et l'audace d'un petit nombre fait la loi à des millions qui se taisent et veulent être tranquilles : comme la révolution l'a encore prouvé.

Les suppôts dont je parle sont aussi soutenus par cette bouillante jeunesse si nombreuse, qui va dans leurs cabinets pour connaître les affaires et la paperasse.

Si chacun de ces suppôts a cinq ou six jeunes gens qui se succèdent souvent et qui desirent apprendre le métier par le gain qu'ils aperçoivent, quoiqu'il faille se corrompre, ce sont autant de défenseurs qui se forment pour eux dans la société.

D'un autre côté il y a une sorte de collusion tacite entre les hommes de justice, les notaires, les priseurs les huissiers, les clercs de tous, les recors, et la kyrielle des autres hommes qui écrivent sur le papier timbré. Il ne faut pas penser que les notaires avec leurs clercs, quoique très-nombreux osent faire cotterie à part malgré leurs quérelles avec les avoués, en prétendant qu'ils leur enlèvent une partie de leurs occupations par les ventes aux criées les partages, etc. , dont j'ai été aussi dans le temps le rapporteur.

Les notaires sont, chacun en particulier, les très humbles serviteurs des avoués. ils sont dépendans d'eux pour les détails de leurs actes : ils savent qu'ils sont à peu près les maîtres de faire perdre à un notaire son emploi quand ils veulent.

Les notaires tremblent devant eux, comme les moutons devant les états-majors des loups.

On voit assez souvent des faillites de notaires ; je ne crois pas qu'on en ai jamais vu aucune de la part d'un avoué.

Tous font nombre pour soutenir l'esprit de corps des hommes noirs contre les justiciables ; ils s'élèvent peut-être dans le département de Paris à cinq à six mille ; ils peuvent tous être regardés comme une seule corporation bien plus à craindre que celle de quelques sociétés mystérieuses , comme celle de Francs-Maçons qui malgré leurs mots égalité, frater, nité , ne sont la plupart que des gastronomes et des gloutons, et qui quoiqu'on fasse bien de les dissoudre, le méritent bien moins que les autres dont je parle, qui font au contraire ouvertement métier de pillages et de troubles même contre la première autorité qu'ils veulent sans cesse éclipser.

Les suppôts ont encore pour eux en général les belles langues de ceux qu'on appelle les orateurs du barreau, parce qu'ils tiennent d'eux les plaidoi-ries qui leur donnent leurs profits.

On se tromperait bien si on ne pensait pas que ce

sont là de grands appuis pour les soutenir et pour fortifier leur goût.

Cette partie des forces que les suppôts trouvent chez les avocats est d'autant plus solide pour eux qu'ils vivent comme frères, ne faisant qu'une seule famille, sauf la dépendance des avocats, qui ne sont que des femelles pour les avoués, qui leur donnent leur argent.

Cette force est plus particulièrement chez les avocats jeunes, qui veulent se montrer par leur ardeur pour les bouleversemens et les tribulations. On les voit aussi par malheur, coalisés presque toujours pour les révoltés contre le gouvernement, et glorieux de voir que les contre-coups de leurs langues causent des inquiétudes aux souverains.

Si M. Bellart en a fait autrefois autant, il se trouve aujourd'hui dans une situation qui l'empêche de paraître parfaitement d'accord avec eux, parce qu'ils le regardent comme un faux frère, et que c'est son ambition qui l'a éloigné de continuer Ils ne font que suivre la morale qu'il leur a prêchée, quand il leur disait dans l'éloge de Ferrey : *Orateurs, commandez à la raison !....* n...

Lorsqu'on a ainsi débauché les esprits, pour me servir de ses expressions, on ne les rend pas raisonnables quand on veut.

Il paraît qu'il se donne aujourd'hui quelque peine pour les contenir, parce qu'il a trouvé leurs actions comme leurs langues à la tête des désordres.

Il doit voir la nécessité de dissoudre leur soi-disant ordre, et les confondre avec les avoués, sans laisser exister la moindre corporation dans le palais; en n'admettant que des mandataires sans action qui soient tous légistes, et avocats de bonnes vies et mœurs, et des bons sujets du gouvernement qui ne viennent pas prétendre, quand le Roi les croira dangereux, qu'il ne peut pas les faire taire.

M. Bellart pourrait aussi rappeler que cela n'est que la suite de ces assemblées de clubs et de sections, où des hommes des diverses classes de la société se trouvaient. Il pourrait nous dire avec Mᶜ Bonnet, et Target s'il vivait encore, quel était, dans la section des Droits de l'Homme, le savetier du coin qu'on y embrassait en promenant les langues, sur ses joues luisantes, sous prétexte d'égalité en tout, quoiqu'on se gardât bien de faire aller cette prétendue égalit é jusqu'à la table et à la bourse.

Ce que j'explique ici] produira bien un autre avantage pour la morale et la religion. Les jeunes gens doivent bien s'en féliciter et me remercier; et j'ose dire même encore les peuples et les monarques : car dès qu'il n'y aura plus de titres d'offices, il ne sera plus nécessaire pour eux de se corrompre, pour avoir des sommes afin de les payer, ni d'exposer des dots de femmes, ni de pressurer les sujets du Roi pour se rembourser, ni d'exciter la protection ou la pitié des juges, pour se faire allouer des frais, et les compromettre eux-mêmes, en leur faisant favoriser les concussions.

La jeunesse qui ira dans les cabinets ne verra plus des mauvais exemples pour se perdre. Tout cela tournera au profit de la probité, de la sagesse et de la justice, et fera cesser les désordres qui, encore une fois, contribuent à causer les troubles des états.

Il y a bien encore d'autres coalitions qui se réunissent aux suppôts contre le gouvernement, telles que celles qui agissent par des haines de religion, et qui forment des sectes; il y a des jalousies des grands, et des princes mêmes qui ont leurs partisans; il y a des mécontens, soit qu'ils aient éprouvé des injustices ou des justes proscriptions; des ambitieux, enfin des traîtres pour lesquels la turbulence est un jeu. Tous se trouvent réunis par le même desir et pour le même but des bouleversemens et des innovations, et toujours pour tâcher d'entraver l'autorité légitime.

C'est encore de là que sortent souvent des hommes riches qui, clandestinement et avec de l'argent, savent soulever quelques parties de la population qu'ils poussent comme des automates pour faire du bruit sans savoir ce qu'ils veulent.

Mais voici la principale source des forces des suppôts qui est par-dessus toutes, sans laquelle les autres ne seraient rien; qui a fait et qui ferait toujours d'eux la classe la plus redoutable de l'état, pour dominer jusqu'aux rois les plus forts quand il lui plairait.

Ce qu'il y a de plus déplorable, c'est que ce grand moyen qui fait leur principale force est pour ainsi dire légal, et leur est donné par l'exécution d'une loi la plus aveugle et la plus tyrannique qui ait jamais existé. Cette loi, en créant cette sourde toute-puissance que je combats, est restée elle-même au-dessous.

On sait en effet, et chacun de nous l'éprouve à tout instant, qu'on ne peut faire un pas devant la justice pour défendre sa fortune, son honneur et sa vie même, sans être assisté et dirigé par un membre de la corporation de ces suppôts. Il faut bien se garder de jamais en contrarier aucun, ni de les interrompre quand on craint de ne pas les trouver de bonne humeur, ni manquer de désaltérer leur soif d'argent quand on aperçoit qu'elle existe, ni jamais leur déplaire en aucune manière, à peine de déplaire en même temps à toute la corporation, parce que quand on en touche un on les touche tous; et alors il est bien impossible de se sauver si on leur résiste un instant.

Il n'y en eut jamais de plus grand exemple que je ne le suis moi-même. Qu'on réfléchisse, à qui, du Roi ou de cette corporation, la multitude a besoin et est forcée d'être soumise; et si, lorsque le Roi et ses ministres ne peuvent jamais voir en détail la multitude, et quand la corporation, entre tous ses membres en particulier, voit chaque jour chaque personne et surtout les chefs de famille qui composent le corps social et en manient les esprits comme elle veut, et qu'elle distribue même à plusieurs leur pain du jour, par la situation où elle met souvent les fortunes, comment peut-on, dis-je, douter que cette corporation, quand elle n'aurait pas d'autre moyen pour réunir toutes les forces morales et physiques, ne soit pas, lorsqu'elle veut, la puissance sourdement maîtresse de tout dominer et soumettre à ses volontés?

Quand les rois et les ministres ont vu cet empire qu'on peut dire commandé par la loi, et quand ils n'auraient pas pu pénétrer le grand intérêt particulier de chaque suppôt et les tournures criminelles pour l'assouvir, n'ont-ils pas eu bien raison de crier contre eux, et de dire qu'ils causeraient la chute du trône? Un seul fait va en être la démonstration, au point que, pour les vrais sages, il n'en faudrait pas d'autres.

Ce fait même, sous un certain rapport, continue à prouver que les rois ne sont pas si blâmables de ne s'être pas empressés de détruire les suppôts, afin qu'on ne pût pas dire que c'était eux qui avaient imaginé le danger de leur existence; car ce fait seul, comme on va le voir, les confond à jamais. Il naurait pas eu lieu, s'ils avaient été détruits avant qu'il arrivât.

Ce fait est que les suppôts forcèrent Louis XV à rappeler le parlement qu'il avait exilé, et à révoquer sa Chambre royale, parce qu'ils ne voulurent pas servir devant cette chambre.

Pourquoi, au lieu de faire cette révocation, Louis XV et son gouvernement ne firent-ils pas pendre sur l'instant les meneurs de ces rebellionnaires? Parce qu'il n'y a pas d'indulgence et même d'humanité plus mal entendue que celle qui laisse les perturbateurs dans la société.

On ne peut donc plus douter, après ces événemens, de la force et de la témérité des suppôts; et si on ne s'est pas encore débarrassé alors d'eux, pourquoi ne l'a-t-on pas fait au moins lors des autres attentats qui ont suivi?

Il semble qu'à l'époque où ils montrèrent tant d'audace contre Louis XV, ils mesurèrent à peu près les forces que je viens d'indiquer, et ils crurent que , dès que Louis XV leur avait cédé , ils pouvaient tout oser impunément. Il semble encore , d'après ce qu'on va voir, que les hommes du Palais voulurent parodier et vérifier le langage d'Henri IV, quand il disait qu'il aimerait mieux soutenir des guerres, que d'avoir des démêlés avec des gens de justice ; ce qui fait croire que Henri IV pensait qu'il était plus aisé de surmonter les canons de bronze du dehors , que les canons de plumes du dedans.

Anquetil ne rapporte-t-il pas que ce fut une ligue de gens de justice, composée des suppôts et de la jeunesse fougueuse qui leur sert de clercs, avec des jeunes conseillers , qui en commençant la révolution s'assemblèrent sur la place Dauphine en face de la statue du bon Henri, l'insultèrent et la firent insulter par les passans.

Ne vit-on pas bientôt la chute du trône , qui vérifia la prédiction de Louis XII , et de plus, ce qu'il n'avait pas songé à prédire , les assassinats de Louis XVI et de son fils , parce qu'ainsi que la loi romaine , il ne croyait pas sans doute à la possibilité du parricide ?

Il est bien notoire que ces crimes furent principalement commis par des gens de justice , dont je ne veux pas avoir la douleur de rappeler les noms , et dont l'un fut assez féroce pour dire que, si on ne faisait pas mourir Louis XVI , il irait lui brûler la cervelle.

Je laisse les autres détails de carnage et de mort qui ont suivi ces horribles crimes , sans parler même de l'assassinat récent du duc de Berry , qui a prouvé

b

que la perversité humaine est si fort portée au dernier excès, que le monstre alla dans le lieu de la
réunion la plus douce et la plus paisible, avec la
plus froide férocité, poignarder le prince et le père
de famille le plus précieux pour la patrie.

Je prie seulement qu'on rappelle ce qui vient
d'être dit hautement contre la monarchie et le monarque.

On a vu pendant la cession dernière un député
avocat de Paris, frère, oncle, beau-père d'avoués,
oser monter à la tribune, pour publier que les
avoués étaient alarmés pour leurs fortunes, parce
que le Roi venait de destituer un chétif avoué
prévenu d'avoir excité à l'infidélité des soldats de
l'autorité légitime. Il prétendit qu'il fallait aller
devant les tribunaux, c'est-à-dire que le monarque
devait plaider avec l'avoué, et qu'avant de le destituer, il devait avoir gagné son procès contre lui ; ce
qui n'est pas seulement le comble du délire, mais
la preuve la plus certaine que l'esprit de rebellion
et de désordre sera éternelle, et que tous les droits
de la monarchie et du monarque seront compromis,
tant que les suppôts du palais existeront, et que
toute espèce de corporation ne sera pas dissoute.

Je pourrais donner mille preuves pareilles sor-
ties de la bouche d'une infinité d'autres avocats, et
même de magistrats, qui ont également parlé et agi
pour soutenir ces mêmes hommes si pernicieux.

Je ne veux rappeler qu'un autre fait qui serait
décisif seul pour l'anéantissement des officiers ministériels : c'est que les révolutionnaires eux-mêmes
craignirent qu'avec leur soif de piller, de dominer,

et leur ascendant sur le peuple, ils ne voulussent s'emparer du gouvernement. Ils ne manquèrent pas de les supprimer par le décret du 3 brumaire an II. Ce fut par un coup de Merlin; car, tout aussi bien que le dictionnaire de l'Académie, la révolution a eu son Merlin. S'il avait bien fait, ce jour là, en détruisant les avoués, il ne fut pas moins capable de se trouver du nombre des assassins du roi martyr.

Pourquoi aussi songea-t-on à les rétablir en l'an VIII, lorsqu'on reprit le gouvernement d'un seul? comme s'ils y étaient utiles, quand les monarques avaient eu tant à s'en plaindre.

Avec quelle répugnance n'ai-je pas vu alors ce rétablissement, et avec quel soin ne les ai-je pas combattus moi-même, depuis que j'eus la mission officielle de rechercher leurs écarts; et avec quel empressement ne doit-on pas m'écouter aujourd'hui que je sollicite encore leur destruction, pour la paix de l'Europe!

C'est aussi pour décharger les Français, qui ont assez d'un budget d'un premier milliard, sans supporter encore un second milliard, sous prétexte d'officiers ministériels dans l'administration de la justice.

Si le fardeau de ce second milliard n'est certain que pour les hommes expérimentés, il est de cinq cent millions pour les plus incrédules, et alors encore les Parisiens peuvent dire qu'ils en supportent au moins de vingt-cinq à trente millions; mais dans la vérité ils en supportent plus de cinquante millions quand, si la justice était distribuée avec soin, il n'en coûterait pas un million à Paris; et cette dépense ne serait pas même de vingt-cinq millions pour tout le royaume. Tout cela est si bien l'effet des concussions et de la domination des avoués, qu'on a vu depuis l'an VIII que ce sont leurs parens, et les avocats qu'ils paient, qui ont été les principaux rédacteurs des lois. Treilhard était gendre d'avoué, Bellart beau-frère d'avoué, et ancien ami et avocat de tous, et puis exécuteur, comme magistrat, pour eux contre moi, en étouffant les poursuites de leurs crimes. M° Bonnet, gendre et beau-père d'avoué, M° Tripier, frère, oncle et beau-frère d'avoué, etc. Voilà une partie des principaux meneurs.

Treilhard, nouveau tribonien, n'a-t-il pas surtout rédigé un article dans le Code de procédure, qui, pour glisser les avoués dans les bureaux de paix, a dit que les avoués n'auraient pas le droit de percevoir de vacations, quand ils iraient à ces bureaux ; tandis que l'institution des justices de paix en excluaient précisément les avoués ; aujourd'hui ils font plus : ils savent être même juges de paix. Bientôt ces justices seront toutes dans leurs mains, parce qu'ils les achettent clandestinement.

MM. de Serres et Bellart pourraient encore dire tout cela d'après leur parens mêmes. Le temps est bien passé où M. de Serres me recommandait un de ses parens pour lui procurer une petite place ; ses parens en ont eu depuis, non pas à revendre, mais à vendre parce qu'elles leur ont été données.

J'étais loin d'attendre ces vicissitudes, lorsque pendant dix ans je vis M. de Serres, et que j'avais la bonté de le recevoir dans ma bibliothèque de me fatiguer pour l'instruire, et de le recevoir aussi à ma table, lui être tout à fait utile. Il s'y trouva souvent avec des savans de mon âge, et il s'en glorifiait. La dernière fois, il y était avec l'octogénaire Robert de la Côte-d'Or, de l'académie de Prusse, qui vient de mourir à Islenstad. C'était le dernier ami vivant de Jean-Jacques ; c'est lui qui fit la plus grande partie des articles de géographie dans notre Encyclopédie, dont l'abrégé classique, était déjà à sa treizième édition : comme il était aussi l'auteur du meilleur voyage en Suisse.

M. de Serres y voyait aussi l'abbé Sicard, qui vient de mourir. Je n'en nomme pas d'autres, parce qu'ils sont vivans ; il ne peut pas m'opposer la moindre compensation, parce que je ne l'ai jamais importuné ni rien reçu de lui : c'était lui au contraire qui m'avait importuné en m'écrivant de faire réduire les avoués, qui avaient voulu le piller, et pour lesquels il m'a trahi quand il s'est trouvé leur maître.

Les divers monarques en ont sans doute assez vu ici, quand ils ne liraient pas mon livre, pour décider qu'il n'y a rien de plus urgent, pour la tranquillité de l'Europe, que d'ordonner comme remède radical la suppression de toutes réunions d'officiers et fonctionnaires, à l'exception des seules assemblées de juges uniquement pour juger, avec défense, à peine de mort, de s'occuper d'aucun autre objet. Si ce mal né se réparait bientôt, il n'y aurait plus ni justice ni repos, et ceux qui ne le voudraient pas seraient les complices des perturbateurs.

C'est sans doute au roi de France à prendre le premier une mesure vigoureuse contre la plus forte racine du mal, dès qu'on est d'accord que c'est chez lui qu'il a commencé, et que c'est de chez luî qu'il est passé, et s'est rendu contagieux dans les autres empires. Je ne manquerai pas aussi de demander dans ma conclusion une ordonnance telle que S. M. peut et doit la rendre au plus tôt dès que la sûreté de l'état l'exige, et que la Charte même, article 24, le lui commande. Je la supplierai très humblement, d'après les faits constans qui, comme on vient de le voir, remontent à plusieurs siècles, et qui sont encore journaliers, de suspendre de suite tous les titulaires d'offices ministériels, et de ne les laisser agir que provisoirement, jusqu'à ce que d'autres ordonnances, ou des réglemens comme la Charte même le veut encore, purifient l'administration de la justice, et que par conséquent toutes les ventes de titres soient prohibées, ainsi que toute corporation dissoute ; sauf aux titulaires à vendre ou disposer comme ils aviseront de leurs *sedes*, registres, notes et papiers, et sans qu'ils puissent prétendre avoir aucune action pour leurs titres, qui ne leur ont fait débourser aucune finance, sauf à eux aussi à retirer leur cautionnement.

Plusieurs autres suspensions doivent en être la suite. Celles d'abord de tous les juges parens entre eux, ou avec des officiers ministériels; la dissolution de tont ordre ou compagnie d'avocats, sauf à eux, comme aux avoués, à travailler dans leurs cabinets ou à se faire défenseurs officieux ou mandataires, mais toujours sans action et sans que les parties soient forcées d'en avoir si elles n'en veulent pas, et afin qu'elles ne soient plus esclaves de cette loi qui les y forçait et qui voulait leur ruine, et qui faisait alors d'eux une corporation qui était même au-dessus des souverains ; et qu'enfin à cet égard les sujets du Roi aient cette véritable liberté qui est la première de toutes, pour qu'ils puissent se défendre eux-mêmes sans dépendre de qui que ce soit, et que leurs opinions soient entièrement libres.

Cela ne sera que l'exécution de la loi du 3 brumaire an II, qui dura six ans, et pendant lequel temps les Français n'eurent pas à payer guère plus de 25 millions par an pour l'administration de la justice, quand aujourd'hui, comme je l'ai dit et qu'on en verra le détail positif dans le livre qui va suivre, ils paient au moins 500 millions. Ce qui encore rendra parfaite cette douceur, ce sera de ne faire d'autres procédures que celles portées par ce même décret du 3 brumaire.

La dispersion de ceux des juges de Paris qu'on croira pouvoir conserver en les isolant dans le royaume, afin de faire cesser cette faiblesse et cette vieille mauvaise routine, qui font tout le mal. On n'aura besoin que de faire venir un juge des plus dignes de chaque département, qui, réunis, dispenseront de l'affliction qu'on a de voir dans les jugemens des opinions dictées par des esprits de parti, qui ne s'occupent d'aucuns principes de justice.

Ce n'est pas par là que je veuille convenir que les juges sont inamovibles, et que les droits de la monarchie et du monarque ne permettent de remanier les Codes judiciaires, non seulement pour transférer les juges quand et comme il lui plaît, pour les faire siéger tantôt dans un lieu, tantôt dans un autre, mais encore pour les suspendre et les destituer

quand il le jugera à propos et qu'il croira que la sûreté de l'état le veut, parce que toujours la sûreté est
une nécessité qui permet tout, et dont la Charte même le rend maître seul, comme je l'ai dit, de faire
toutes ordonnances et réglemens, sans que les officiers
ministériels ni leurs parens, ni aucuns de leurs
aveugles soutiens puissent prétendre que les officiers
ministériels ont le droit d'avoir un procès avec le
monarque avrnt qu'ils les destituent.

Frédéric n'eut pas besoin de remporter cette victoire sur les juges de Custrin, ni sur son chancel-
lier, quand il les destitua tous.

Il serait dérisoire, et le Roi serait le jouet des
factieux, si quand il pense qu'il y a quelque attentat,
ou seulement quelque péril pour la chose publique,
il était obligé de faire des procédures, et de laisser
arriver le mal, sans pouvoir lui-même l'arrêter.
Je ne crois pas que les monarques de Vérone, au prix
de leurs couronnes et de leurs têtes mêmes, veuil-
lent supporter ces idées, et qu'ils permissent à qui
que ce soit de les proposer devant eux, et qu'ils ne
prennent toutes les mesures capables de les comprimer : autrement ils ne seraient plus monarques.

Ces mesures sont principalement les plus urgentes
que je ne cesserai de solliciter.

Si j'étais même capable de faire des voyages, j'i-
rais me prosterner devant l'auguste assemblée de
Vérone, afin qu'elle voulût bien inviter elle-même
le roi de France de faire au plus tôt ces disposi-
tions, quand elles sont si évidemment nécessaires
au repos des différens peuples de l'Europe, comme
des monarques eux-mêmes.

D'autres sollicitations seront faites au roi de France pour quelques mesures encore de sûreté générale. Mais ici le détail en est inutile.

S'il y a aussi des mesures de sûreté particulières à son royaume, elles seront en même temps à la fin de mon livre.

Si l'on pense aux monarchies de l'Europe, peut-être l'auguste assemblée de Vérone trouvera quelque moyen de tranquillité pour les peuples.

On sait que les turbulens étrangers veulent s'unir avec ceux qui sont parmi nous ; qu'ils se rendent communs les noms de leurs sectes, comme pour frapper partout les mêmes coups.

Les souverains peuvent alors juger, par l'exemple de la France, quelle est l'étendue du danger pour eux. Je me suis fait un devoir de le leur montrer ; ils doivent, tous de concert, chercher tous les moyens capables de les maintenir sur leurs trônes, dût-il en coûter la vie même à quelques uns d'entre eux.

C'est aux expressions de mon compatriote et condisciple Cazalès, que je dois les idées que je puis avoir ici. Qu'on veuille bien se souvenir qu'en juillet 1789, Cazalès disait dans l'assemblée, à l'époque de la réunion des ordres, *qu'on devait sauver la monarchie, même aux dépens du monarque s'il le fallait*, et que ce langage est le plus salutaire qui ait jamais été proféré pour la conservation des monarchies ; s'il avait été écouté, et lorsqu'il disait aussi qu'il ne fallait pas d'émigration, la justice, comme l'honneur et la religion qu'elle soutient, ne seraient pas perdues.

J'ai donc eu raison de dire qne les monarques doivent sacrifier, s'il le faut, leurs personnes pour sauver leurs monarchies : car qu'est la vie de quelques monarques, auprès du salut de leurs peuples ? En est-il aucun qui hésitât de la donner à ce prix ?

Quelle mesure plus naturelle peut-il y avoir, qu'il me soit permis de le dire, que la réunion des princes eux-mêmes en personne, ou des successeurs de ceux qui ne pourraient pas s'y trouver ? Qu'ils choisissent alors cinq ou six cents mille de leur soldats, et plus s'il le faut ; que chacun d'eux se mette à la tête d'une armée particulière, et aille à tous périls se placer au milieu des deux partis combattant pour arracher du milieu des révoltés, et enlever quelques douzaines de leurs principaux chefs, sans tuer peronnes, si on peut s'en dispenser, en commençant en Espagne par Riégo, Quiroga, Morillo, Mina, etc., pour les déporter dans quelques Sibéries, et les isoler les uns des autres, sans qu'ils puissent jamais se communiquer, et afin, selon leur goût, de les faire vivre sans société, puisqu'ils n'en veulent pas. On leur ferait passer des vivres et des vêtemens en abondance, en leur répétant sans cesse l'exhortation de lever souvent les yeux au ciel, qui est la contemplation la plus merveilleuse et la plus propre à faire regarder cet état comme le plus tranquille, en attendant qu'on revienne en poussière. *Memento homo quia pulvis es, et in pulverem reverteris.*

Je ne conçois pas comment cette contemplation ne défend pas de douter des mystères et des miracles, et ne confond pas tous les mécréans et ne, les force pas à la crainte de Dieu, à faire le bien, et à s'écrier : *O altitudo !*

Si cette espèce de pélerinage, qui dans une cause si bonne ne peut manquer d'avoir des succès pareils à ceux de Naples et du Piémont, finissait par réunir les chefs des puissances ou leurs plénipotentiaires sur la terre sainte, pour contribuer à y établir et y garantir un gouvernement qui ressuscitât l'éclat de la religion chrétienne, et si on y érigeait un monument à la gloire de notre Rédempteur, ce serait la plus grande action pour l'honneur de la Sainte-Alliance.

Si, enfin, les limites des différens empires étaient fixées et garanties aussi par les puissances réunies, afin qu'il n'y eût plus absolument de guerres, la tranquillité générale serait certaine et éternelle : rien au monde n'aurait jamais mieux mérité l'admiration des peuples, et consolidé la légitimité des souverains.

Que peuvent, grand Dieu, contre la légitimité les abstractions, les systèmes, les règles sans régulateur, les opinions sans bases, qui ne sont que des abymes sans fond : tandis que la monarchie a toujours dans son milieu ce qui peut faire cesser les désunions, et dont la tierce opinion est si nécessairement impartiale, qu'elle n'exécute rien par elle-même, ne touche rien, et est si inviolable qu'elle n'agit que par des ministres responsables ; en sorte que ses actions, comme elle-même, sont imperceptibles. Avec elle, vous avez aussi peu de gouvernement qu'il soit possible d'en avoir, et qui est nécessairement le plus léger possible ; au lieu que les gouvernemens populaires, où chacun est gouverneur et gouverné, causent sans cesse des tribulations, et tout y est, par conséquent, anarchie et désordre.

Je crois que le but de ce discours est terminé, et que chacun doit faire des vœux pour le succès de mes paroles et de mes desirs, qui sont toujours la résurrection de la justice, de laquelle dépend le repos des peuples et des trônes, la poursuite et la punition des coupables, et surtout celle des ambitieux, des hypocrites et des traîtres, comme sont MM. de Serres et Bellart, ainsi qu'on va le voir dans mon livre.

On dit que ces deux hommes se trouvent dans ce moment en Italie, et sans doute ils se verront. Dieu veuille qu'ils lisent ensemble mon livre, et qu'ils décident d'y répondre !

Je souhaite qu'ils puissent prouver que pendant leur règne les Français n'ont pas cessé un instant de jouir du plus grand bonheur, et que mes écrits ne sont que des rêves ; mais malheureusement ce sont des vérités trop certaines, et ils n'oseront rien dire de contraire. S'ils répondent, ou quelqu'un pour eux, on verra, à moins que je ne sois à l'agonie, si je serai paresseux pour répondre à mon tour.

Je verrai encore si pour décréditer mon langage ils répéteront quelques absurdes calomnies, en disant que j'étais soldat démocrate à Vitry en l'an III, quand je n'ai jamais servi et que j'étais encore président du tribunal criminel de ma patrie en l'an V ; en disant aussi que je faisais mauvaise justice à Paris on l'an VI, quand je n'y suis devenu juge qu'en l'an VIII ; en disant enfin que je suis un possesseur odieux de biens nationaux, en se gardant bien d'expliquer pour qui et dans quelles circonstances je les ai eus. S'ils le répètent, ils n'oseront pas à coup sûr, le dire une autre fois.

Toujours est-il qu'en récompense de si grands travaux pour la justice, je suis et toutes mes familles sans place, sans pension, sans retraite, et sans décoration d'aucune espèce, mais saisi dans tous mes biens et revenus.

Dieu veuille que les souverains s'occupent un peu plus de ceux qui sont intrépides pour le bien public, car ils ne doivent pas attendre qu'ils deviennent intrigans pour les encourager; ils craindraient, quand ils pensent bien, de déshonorer leur désintéressement. Mais c'est trop de ne pas abattre leurs oppresseurs quand ils le réclament. Et je promets désormais à cet égard d'être importun, parce que ma victoire, je puis le dire contre les pillages et les turbulens est complète, et je n'ai presque plus besoin de mon temps que pour répondre aux reproches perfides de processif, quand je n'ai fait que me défendre contre leurs persécutions. Mais aujourd'hui ils peuvent s'attendre que ce sera moi qui agirai vigoureusement contre eux devant le gouvernement et l'opinion publique, et ils verront comment je ferai le procès aux procès, aux vivans des procès et à leurs protecteurs; car on voit que je ne commence pas mal, en prenant corps à corps MM. de Serres et Bellart; et il faudrait des baillons bien forts, pour m'empêcher de crier contre ceux qui ne m'écouteraient pas.

Mais je dois croire que, de son côté, le gouvernement français s'empressera au moins de me procurer la tranquillité personnelle, ou, que contre l'impossible, on me fasse dire, que tout ce que je fais est inutile ; que les pillages et les désolations sont un mal nécessaire ; que je puis me taire et m'envelopper dans mon manteau, et aller à l'hôpital avec les miens, si je veux le repos.

On voit que la première partie de mon Révélateur a eu principalement pour but de révéler et expliquer les concussions que commettent les perturbateurs, sous le prétexte des frais de procès, et quelle est leur soif de dominer même sur leurs souverains pour empêcher la punition de leurs crimes, et que cela forme précisément la plus grande partie des troubles de l'état, dont je voulais faire connaître les causes ; et je me suis cru obligé d'y joindre une plainte contre les deux magistrats qui en dernier lieu les ont soutenus.

La seconde partie sera relative aux iniquités sur le fond des contestations que commettent les juges. Elle aura pour titre : *Les* SUPPOSITIONS *à la place de la* VÉRITÉ *, et les* CONVENANCES *à la place de la* JUSTICE. On verra encore que les suppôts du palais sont principalement les auteurs de cette horrible corruption, qui était loin d'être si étendue avant la révolution.

Je prie, en finissant, qu'en faveur de mes infirmités et de ma vieillesse, on pardonne mes incorrections et les redondances.

Si je venais de faire un discours académique, je demanderais grace aussi pour mes répétitions : mais dans les dissertations qui tiennent à l'ordre judiciaire, les répétitions sont souvent nécessaires pour mieux convaincre surtout ceux qui, malgré leur intérêt, doivent encore être regardés comme complaisans, quand ils veulent lire avec attention et instruire les autres.

J'ai une autre excuse, qui est la précipitation avec laquelle j'ai été forcé d'écrire ceci, pour être à temps à le faire parvenir à Vérone, et pour l'avoir prêt à l'entrée des Chambres.

Je n'ai pas eu le temps de me le faire relire assez souvent, et je n'ai voulu le faire examiner par personne avant l'impression, afin que la correction du moindre mot ne changeât pas la plus légère couleur d'une seule de mes idées, et que tout fût bien à moi.

Je ne dois pas parler de ce que je puis avoir à craindre ; car si je n'ai pas su dire des choses arides d'une manière amusante, je puis croire que je l'ai fait avec assez d'utilité et de bonne intention pour n'encourir aucun blâme du gouvernement, dès qu'il est devenu juste ; et il ne manquerait pas de m'arracher aux traîtres et aux tyranneaux, s'il s'en trouvait quelqu'un dans son sein qui, comme MM. de Serres et Bellart, voulût encore m'atteindre.

Je me flatte aussi que les souverains de l'Europe, loin d'improuver la moindre partie de cet opuscule, me sauront gré comme les peuples d'avoir osé le composer, et qu'ils feront des vœux eux-mêmes pour que les vengeances ne m'oppriment pas plus long-temps, comme je fais moi-même des vœux bien sincères pour leur conservation, et des efforts les plus grands pour la paix et la tranquillité la plus inalté-rable.

Il est à propos de dire encore ici, pour ceux qui seraieut effrayés de la longueur du troisième article de mon livre, qui, à la page 65, a pour titre : *Explication*, etc. qu'il ne renferme que des faits distincts, qui n'ont été accumulés que pour convaincre les coupables, et les mettre entièrement sans réponse.

Après en avoir lu quelques uns, on peut se passer de lire les autres, si on se trouve assez convaincu. Alors l'on pourra se contenter de la lecture de la plainte et de la conclusion, qui sont à la fin du livre ; sauf si l'on veut vers la page 73, prendre connaissance de la définition du crime appelé faux intellectuel, qu'on distinguait si peu du faux matériel avant la révolution, et qui est aujourd'hui devenu le crime le plus commun et le plus funeste.

On a commencé de distribuer quelques exemplaires du discours préliminaire à cause de l'urgence. L'impression du livre, qui a environ 300 pages, va être bientôt finie, et paraître.

SELVES.

REQUÊTE

Pour J.-B^te. SELVES,

A cause de la suite de plainte pendante devant la noble Cour,

Contre sa Seigneurie le Baron SEGUIER,
premier Président de la Cour Royale de
Paris, et Pair de France.

ON rappelle que le 17 juillet 1819, au moment de se séparer, et sans qu'elle eût encore entendu parler de la plainte, la noble Cour prononça un arrêt sans aucune instruction préalable, et sans aucun rapport, mais seulement sur le réquisitoire de M. Mourre, Procureur-Général momentané. Ce fut après cet arrêt qu'eut lieu la suite de plainte du sieur Selves, non pas uniquement sur de nouvelles charges relatives aux mêmes faits, mais sur des faits nouveaux, qui se sont encore multipliés depuis par d'autres actions de M. Seguier; car il n'a cessé de juger sans cesse dans la même affaire et ses suites, relative à la soustraction et partage de 98,940 fr. et accessoires entre des avoués, et même un avocat, devenu juge, selon les pièces, les quittances et même les aveux, et dans laquelle la faveur pour les autres, et l'inimitié contre le sieur Selves, sont au nombre des faits criminels articulés. La plainte était présentée depuis long-temps, et reçue depuis le 8 juin 1819.

Le sieur Selves, malgré la réponse de son Exc. le Ministre, qui disait de remettre la suite de plainte au greffe de la Cour des Pairs, comme faisant suite à la procédure renvoyée à cette Cour par l'ordonnance du Roi, éprouva constamment des refus du greffier de la recevoir, et de la part de sa Grandeur, le Chancelier, président, après qu'elle lui fut envoyée, de la remettre à un juge instructeur; et il parait qu'elle fut remise uniquement sur le bureau, avec des notes explicatives, pour mettre en question si une suite de plainte était recevable, et si les règles générales pour tous les juges, ramenées dans les articles 246 et 247 du code criminel actuel, n'étaient pas entièrement applicables, et tout-à-fait nécessaires à l'ordre social. Il devait être prononcé aux premiers jours sur ces pièces remises sur le bureau. Le sieur Selves attendit respectueusement et avec la plus grande patience pendant la session de 1820, et il n'a pas sçu s'il fut rien décidé. La grande occupation de la Cour en 1821 n'a pas permis jusqu'ici de lui rappeler qu'elle avait cette petite décision à prononcer, qui n'a pas besoin de demi-heure.

La session actuelle est à la veille de se terminer, et les plus grands besoins de la justice commandent que ce léger travail soit fait avant qu'elle finisse, et qu'il soit décidé qu'une suite de plainte, quand il n'y a pas eu d'arrêt définitif, est recevable de droit; et c'est ce que le sieur Selves vient supplier la Cour de prononcer sans plus de retard.

(5)

Elle pourrait même faire à la fois un autre court travail, qui serait l'examen du projet de réglement que le ministre lui a porté en avril ; et que j'ai pris la liberté de comparer au projet de réglement que je publiai moi-même l'année dernière, suivi de trois lettres adressées à sa Grandeur le Chancelier, pendant le jugement de l'affaire Louvel. J'avais fait aussi pendant le jugement du maréchal Ney l'opinion anonyme qui fit cesser de prononcer les arrêts à la simple majorité, et décider de ne les prononcer qu'à cinq huitièmes. Je ne dis pas cela pour exiger la moindre reconnoissance, mais pour prouver que je mérite quelque attention.

Les longueurs et la fatigue que la noble Cour vient d'éprouver doivent l'exciter à consacrer au plus tôt des règles qui doivent rendre ses travaux dix fois plus courts et plus faciles ; et le sieur Selves vieux, infirme, calomnié et épuisé de toute manière, par amour surtout pour le bien public, et pour la Cour elle-même, se jette à ses pieds, afin qu'elle prenne au plus tôt cette détermination.

Elle est tout-à-fait importante, quand le sieur Selves a supporté depuis 20 ans toutes les douleurs et les avanies imaginables ; quand avant de dire que tous les torts constatés à Rouen sont propres à la Cour royale de Paris, parce qu'elle les avait consacrés en faveur de ses suppôts, il avait attendu que la Cour de cassation confirmât, après son renvoi à la Cour de Rouen, deux arrêts des chambres solennellement assemblées de cette Cour, qui ont articulé plus de mille crimes qui se commettent et favorisent les pillages, qui, loin de discontinuer même depuis, se reproduisent sans cesse ; car entr'autres iniquités commises ces jours derniers, même encore avant-hier 19, la Cour Royale de Paris refusa, à son audience même le 12 du courant, d'en joindre à un avoué de signer des conclusions, parce qu'elles disaient dans un motif : *Attendu le* CONCERT FRAUDULEUX *des avoués, articulé plusieurs fois dans les arrêts de Rouen*, et lorsque le sieur Selves voulait se faire donner acte de sa déclaration qu'il ne voulait plus être jugé à

Paris; ce qui est le millième refus de justice le plus caractérisé, et rend inévitable un exemple qu'il convient de faire, surtout contre le premier président de cette Cour. Quand les Français ont le bonheur d'avoir un roi qui a dit, dans son discours du 29 novembre 1819, qu'il voulait assurer la liberté individuelle, l'impartialité des jugemens, et la bonne administration, et qu'ils ont aussi un premier ministre dont la noblesse des sentimens et le désintéressement sont publiés par ses ennemis même, il ne peut pas être douteux que la noble Cour des Pairs ne se réunisse à ce noyau de la justice pour la ressusciter. On verra aussi si les prisons, les souffrances, et la crainte de la mort, décourageront le sieur Selves plus qu'elles n'ont fait par le passé, pour les secours que, malgré la faiblesse de ses talens, son expérience a pu et pourra donner, en publiant toutes les vérités nécessaires, comme il l'a fait dans deux de ses derniers écrits, qui ont pour titres, l'un, *l'Enfer des Français dans ce monde*; l'autre, *Mon Bugjet pour* l'ordre judiciaire en 1821, qui, dans six pages, a démontré pour les hommes expérimentés le pillage ou la perte de plus d'un millard par an, et pour les plus incrédules, au moins de 500 millions. On verra si, quand le sieur Selves a mis au clair si fortement la nécessité et les moyens de prévenir les neuf dixièmes des procès, quand il a contribué à faire supprimer 112 avoués, il n'y a pas long-temps, et à prouver qu'il n'y aura bonne justice que quand on n'anra plus des juges pour de l'argent, mais pour l'honneur et la considération, et qu'on les aura réduits au moins au quart, afin que la justice et les justiciables ne soient plus dans le bourbier; et si, dans cet état, il convient de multiplier les juges, comme on ose le demander, et surtout un gendre et un beau-père d'avoué, qui presse l'adoption du projet.

On verra si un écrit, qu'il publiera aussîtôt qu'il le pourra, intitulé *Thèse pour la justice contre la corruption*, qui est telle, qu'on l'appelle les convenances, ménagera ceux qui favorisent le mal, et s'il osera même signaler eux des personnages, quels qu'ils soient, qui y contribuent, et s'ils ne méritent pas qu'on leur dise comme le Prophète, aux mauvais pasteurs :

Pascebant semetipsos, sed non pascebant gregem suum.
21 *juillet* 1821.

S E L V E S.

P. S. Cette requête a été remise le 21 au même greffier de la Cour, qui s'était permis d'autres refus, et qui l'a renvoyée avec une lettre signée de lui, datée du 23, en disant qu'*il n'a pas qualité pour recevoir la présente requête, et que la Cour n'a aucun moyen de s'en occuper, parce que la Cour des Pairs vient de terminer le renvoi à elle fait par ordonnance du roi du* 21 *août* 1821. Ce greffier croit qn'on présente cette requête à la même Cour des Pairs constituée pour l'affaire de la conspiration, qui vient d'être jugée, et il ne sait pas discerner que c'est au contraire à la Cour des Pairs, constituée par ordonnance du roi du 23 juin 1819, contre sa seigneurie le baron Seguier. Il est impossible d'être moins instruit que ce greffier qui ne sait pas même qu'il doit être passif, et recevoir toutes plaintes, suites de plaintes, requêtes, qu'on rattache à des procédures renvoyées devant la Cour, qui ont été commencées, et sur lesquelles il n'y a pas eu de jugement définitif de condamnation ou d'aquittement, et qu'une simple décision *qu'il n'y a lieu à suivre* n'est que provisoire, et disparait par une suite de plainte sur nouvelles charges, et à plus forte raison, sur nouveaux faits, et que son refus le rend entièrement responsable, parce qu'il serait possible que les suites qu'on lui présente ne lui arrivassent que le dernier jour du délai de l'action, et son incapacité l'aurait fait perdre ; et quand il juge qu'il n'a pas qualité pour recevoir, ni la Cour aucun moyen de s'en occuper, il ignore que les lois ont dit en créant l'huissier et le greffier : *Te défendons néanmoins connaissance de cause.*

Il n'y a alors d'autre parti que d'imprimer la présente requête pour la distribuer partout, mais surtout à la Cour des Pairs, qui existe, et qui existera, en vertu de l'ordonnance du roi du 23 juin 1819, tant que la noble Cour n'aura pas condamné ou acquitté définitivement le noble pair, M. le baron Seguier, et sans que, dans l'état des choses et de la législation, aucune puissance terrestre puisse empêcher de faire des suites de plaintes et des requêtes, et moins encore le greffier de la noble Cour puisse se dispenser de les recevoir.

La noble Cour doit donc vider le renvoi dont les pièces sont sur son bureau, et prononcer que la suite de plainte est reçue de droit par le simple dépôt entre les mains du greffier, et qu'il n'a aucune qualité pour la refuser, et que c'est à la cour à instruire et à juger. La Cour et l'opinion publique seront bien étonnées qu'il existe un pareil greffier; et ceci démontre l'absolue nécessité de l'examen définitif des projets de réglement.

De l'imprimerie de DOUBLET.